# Jóság

26. verseskönyv

Goran Episcopus

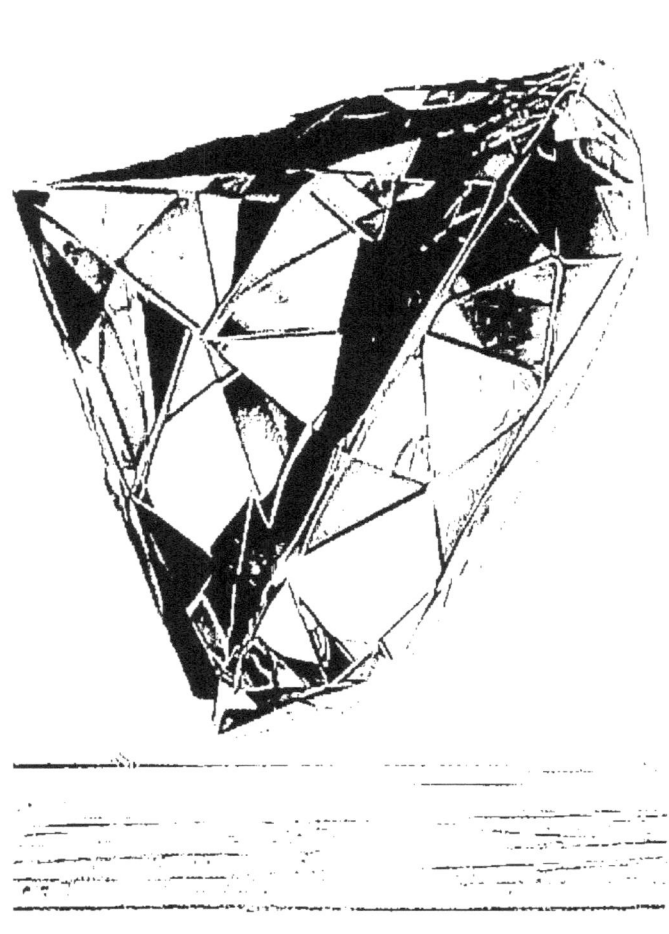

## Jóság gyémántja

Életről egyformán írunk,
Versben kezdetünk és sírunk...
De mindenki más sorsot jár,
Messze szállunk mint a madár...

A létünk meg sok nyomot hagy,
Forróságot válthatja fagy....
Majd ezek utáni dolgok,
Rossz akarat furcsa gondok...

Rímekben jelenik kedved,
Mintha Isten súgná neked...
Szavaid versben csiszolva,
Lehetsz a jóság gyémántja...

Mielőtt

Mielőtt meghalok...
Nem tudom hányadszor...
Már nem álmodozok...
Időben oly sokszor...

Kitépem önmagam,
A saját testemből...
Elfogyott a szavam,
Tátongó lelkemből...

Vagyokság végtelen,
Képzeletem fosztva...
Megszakad a térben,
Nincsen akarom ma...

Tettem...

Beszél tettem,
Figyelj. hallgass...
Te helyettem,
Ne adogass...

Szeresd

Csak szeresd az életedet,
A bánat akkor menekül...
Teremts millió örömet,
Minden arcra mosoly kerül...

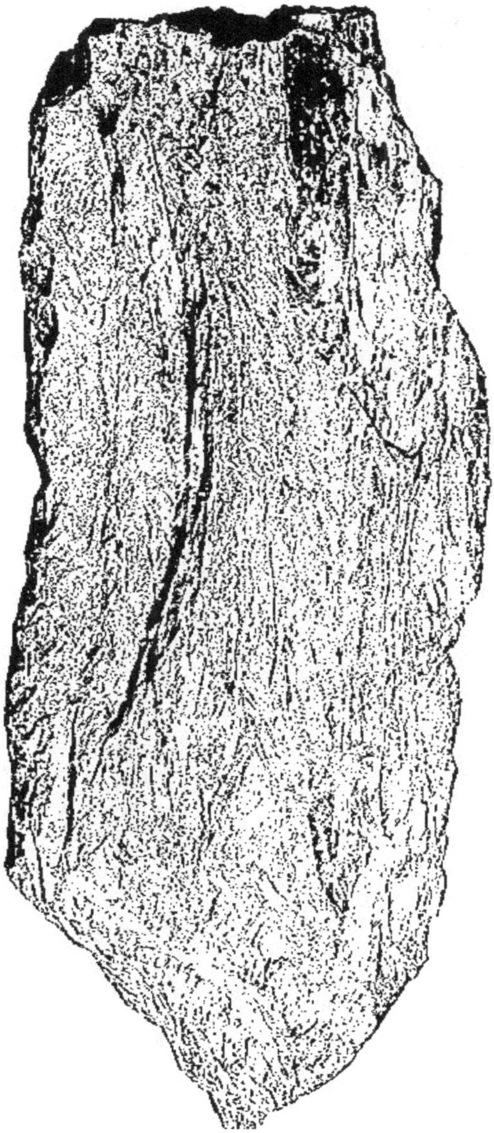

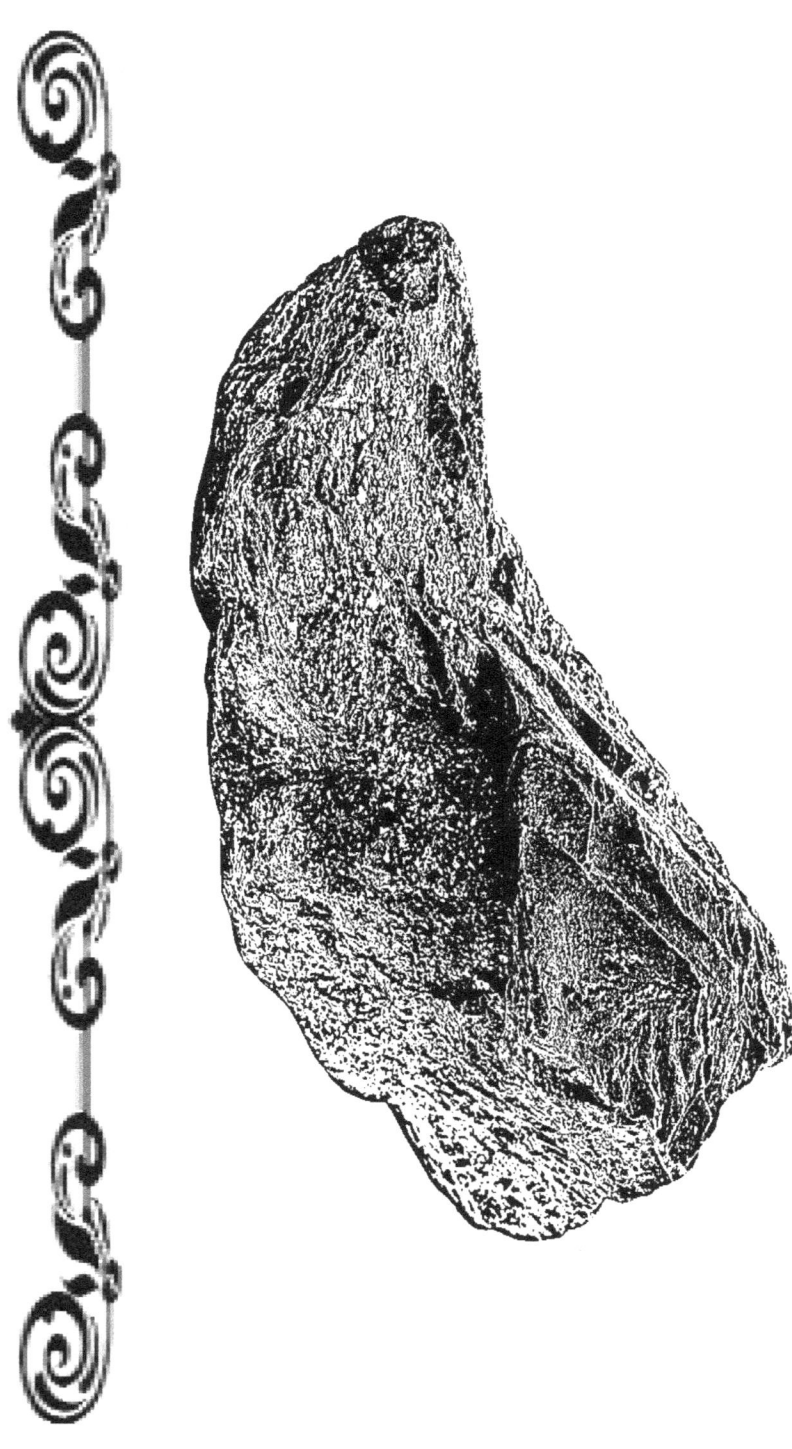

Érdekes

Érdekes világban jártam,
Furcsa képek álmaimban...
Megváltott dimenziókon...
Átszaladva jón és rosszon...

Egy furcsa világban élek,
Álomból ellopott képek...
Bennem rettentően félek,
De takarnak a remények...

Szeretet a védőpajzsom,
Sokszor magam elé tartom...
Önmagam védem semmitől,
De ha nincs a semmi megöl...

Elengedtem

Elengedtem a kezdetet,
Végtelenbe nem érhetett...
De mindig fogom kezedet,
Reménnyel éreztetett...

Hosszú úton meg-megállva,
Gondoljunk örök világra...
Mind mindenben haladása,
Benne lelkünk futó árnya...

Sorozatosan meghalva,
Állandóan Istent hallva...
Magunkat téve asztalra,
Végünk mérthetetlen dala...

Vasút a semmibe

Végtelen sinek valahol,
Keserű bakter kalapol...
Nem tudja hol van a vége,
Imádkozva néz az égre...

Vonat nem érkezik soha,
Már szakadt a bakter ruha...
Rangja semmit sem érhet már,
Fekete a látóhatár...

Állomás épület romos,
A szolgája se túl okos...
Menetrenden nincs vonat...
Tehervagon most se tolat...

Szárból aranyat

Szárból aranyat csinálni,
Lehet hülyéket pofázni...
Nincstelen bölcsek köve,
Se sós, se savas, se eleje...

Lehetetlen küldetések,
Zagyból álom ébredések...
Rőhelyes győzelmi mámor,
Ettől félj ne a haláltól...

Becsapott senkik szemete,
Aranynak képzelt kevese...
Szárból nem lesz soha arany,
Vigyázz ember jön a kanyar...

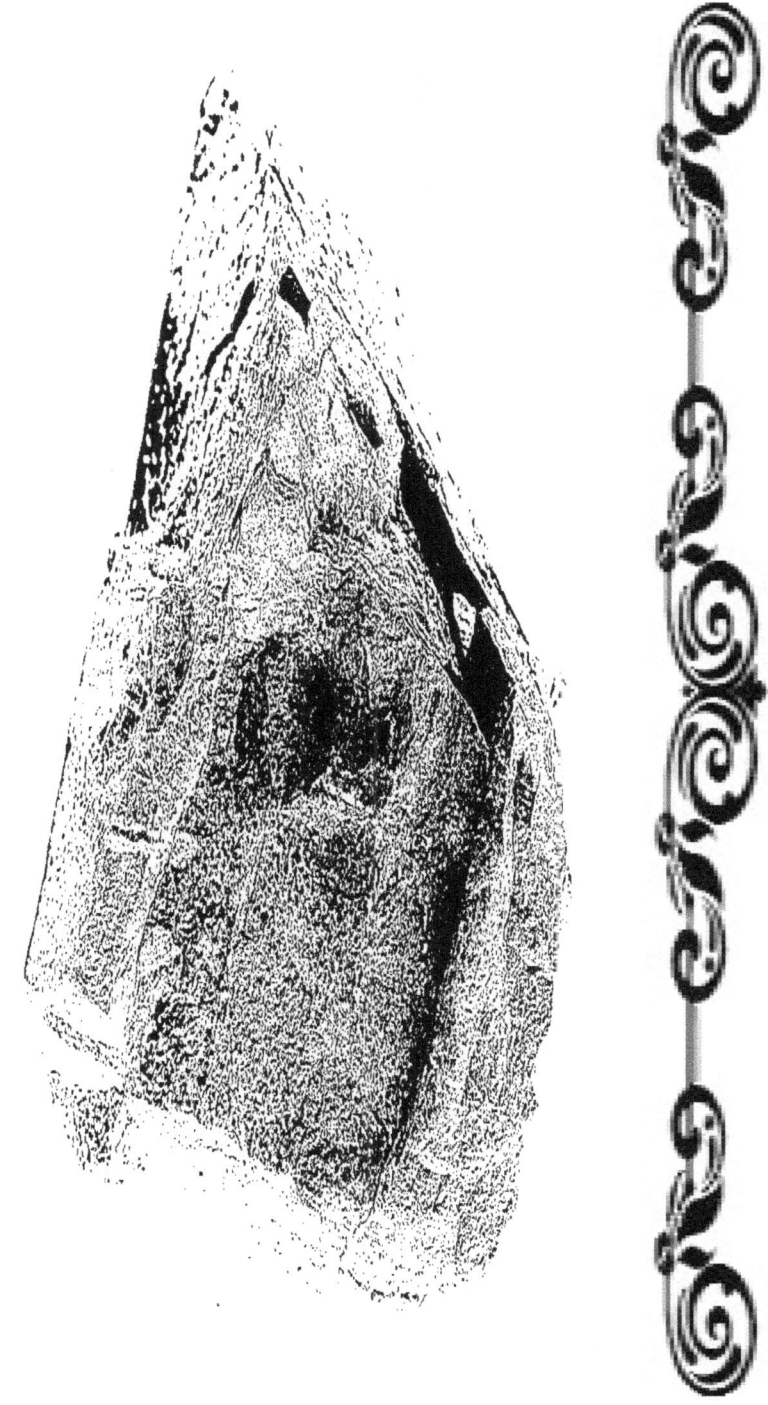

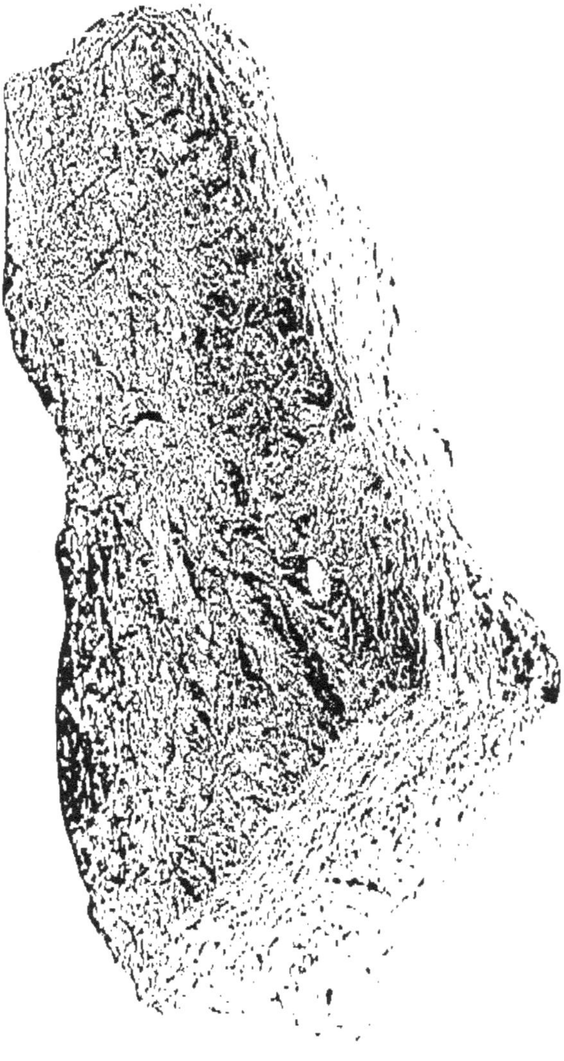

# Ősz

Őszbe lépett a természet,
Adva hűvösebb fényeket...
Nyár melege most beérett,
Szívem még forrón szeret...

Reggelek korai fénye,
Lassan már később tekint be...
Ősz illatát fújja a szél,
A fák színe hozzám beszél...

Búcsúzik a vágyunk nyara
Lelkünkben szédítő para...
Végtelen fellegek mögül,
Körforgásunk beteljesül...

Élet a halál után

Meghaltam már,
Mégis itt vagyok,
Szállok mint madár,
Halottas napok...

Végtelen szava,
Megérint mindig...
Magához vonva,
Húz magas égig...

Benne maradtam,
De még itt vagyok,
Mindig arattam,
Enni is adok...

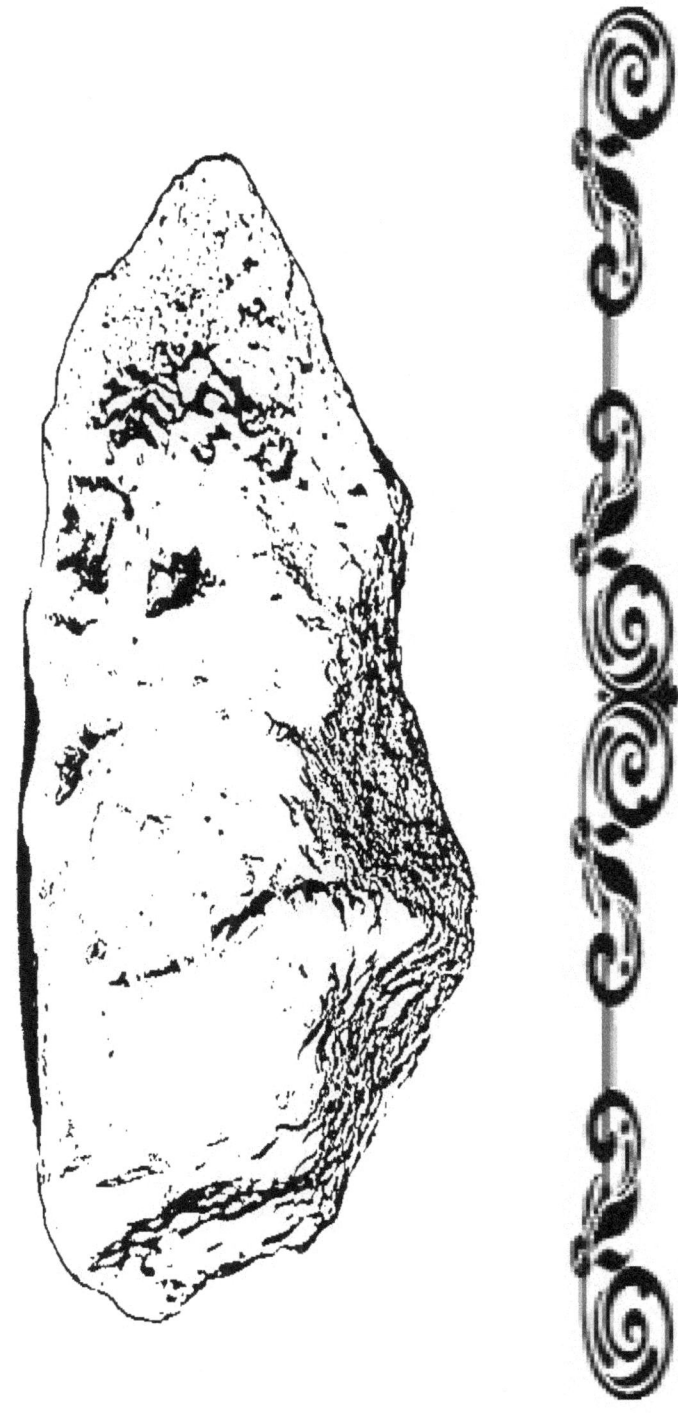

Sötétségben

Keresem a fényt,
Benne a reményt…
Áldott szerepet,
Örök helyemet…

Nem láthatom meg,
Túl nagy a tömeg…
Mindent tapogatok,
Elnyomott napok…

Sötétben állok,
A fényre vágyok…
Lelem magamba,
Teszem szavamba…

Gondolat

Nem érem el sohasem,
Pedig ez itt van bennem…
Sohasem érinthetem,
Végtelenül teremtem…

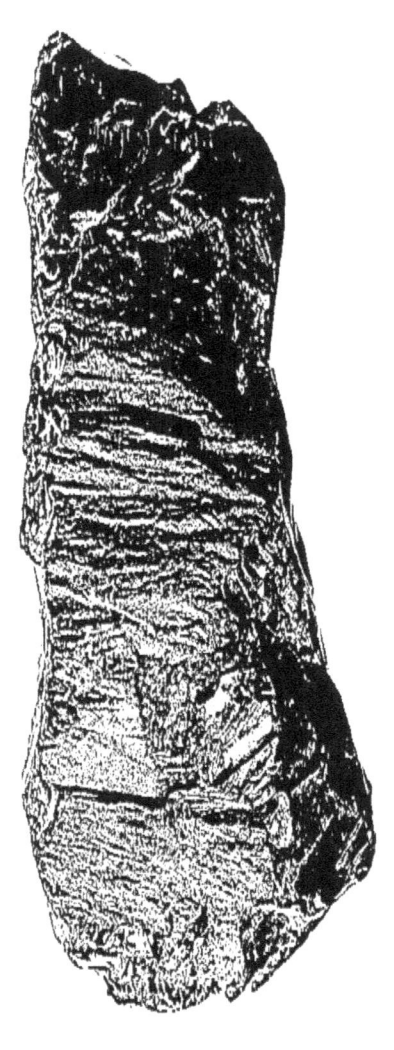

Bennem

Bennem örök csalódásom,
Soha el nem fogadásom,
Semmiért sietve kűzdés,
Önmagamat sajtoló prés...

Feszítenek irigységek,
Rossz arcok és értetlenek...
Bajban meglopó akarók,
Rövidre vágott takarók...

Ígéretek és akadályok,
Hazugságon maródások...
Utáni kifejező eszköz
Nálam minden újabb szóköz...

Örülök

Örülök más verseinek,
Alakuló rímjeinek...
Minden szép szó megszólító,
Versek szállnak mint léghajó...

Egymásba látnak szavaink,
A rajtuk ülő rímeink...
Egyforma a csalódásunk,
Szívben örzött pillantásunk...

Semmi se egyforma ugyan,
Az érzés ami megfoggan...
Mégis lehet mindenkiben...
Ismerhető a reményben....

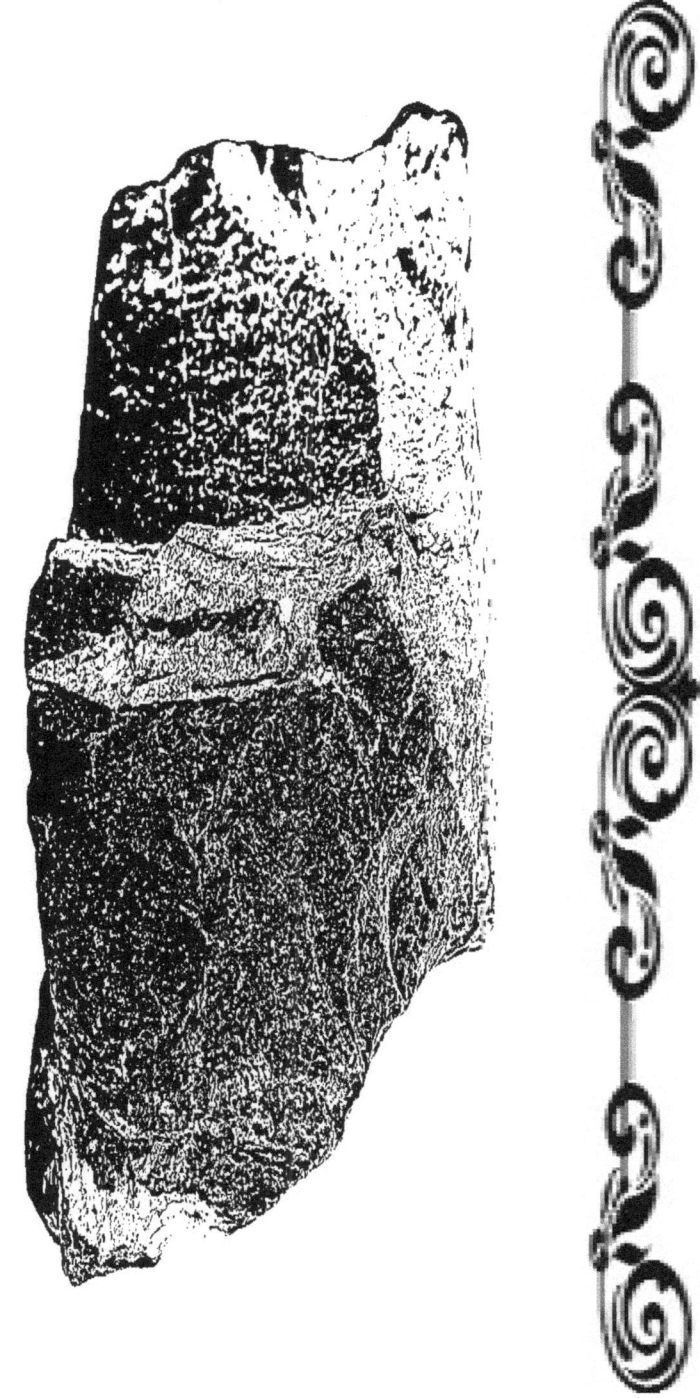

A jóság

A jóság kérdése minden,
Látatja velünk angyalunk...
Segítő szándékhoz híven,
Adjuk hozzá saját magunk...

Lelkünket tesszük szívekbe,
Megérintve a fájdalmat...
Bízunk segítő Istenbe,
Ki elűz minden ártalmat...

Őrizd szerető jóságod,
Mindìg a gondolatodba...
Add védelmező áldásod,
A szeretet hatalmára...

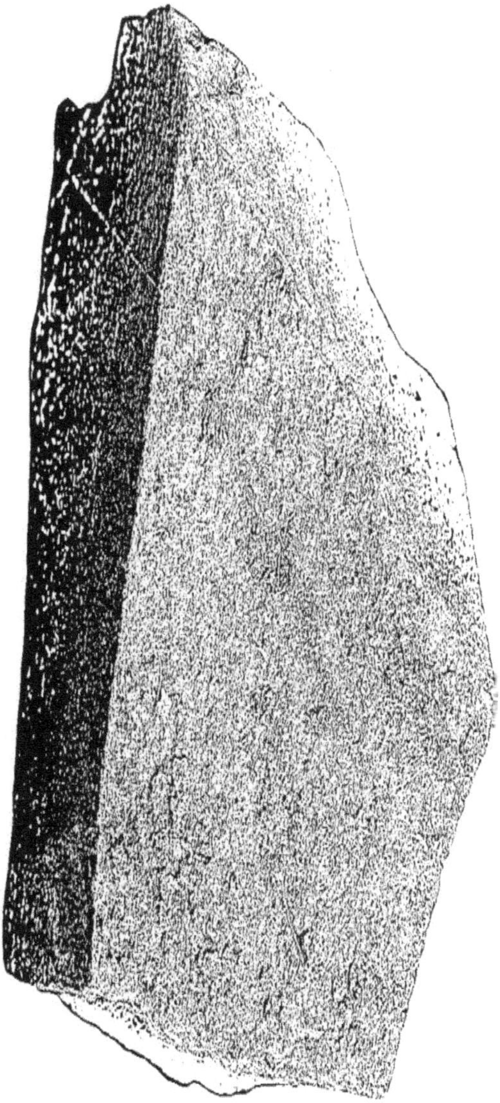

Nincs

Nincs idő semmit tenni,
Végtelenbe nézegetni...
Nem menekülsz lelked elől,
Sors halálos és többször öl.

Hiába futsz és menekülsz,
De az se jó ha csak leülsz...
Mindened elhagyod mindig,
D addig is játsz valamit...

Mert legyél egy furcsa őrült,
Aki az élettől megkergült...
Mondj igazat, légy önmagad,
Moss le mindent mi rádragadt..

Egy

Egy kő, amely eldobott,
Bontja a pillanatot...
Átszáguld a félelmen,
Át a végtelen csenden...

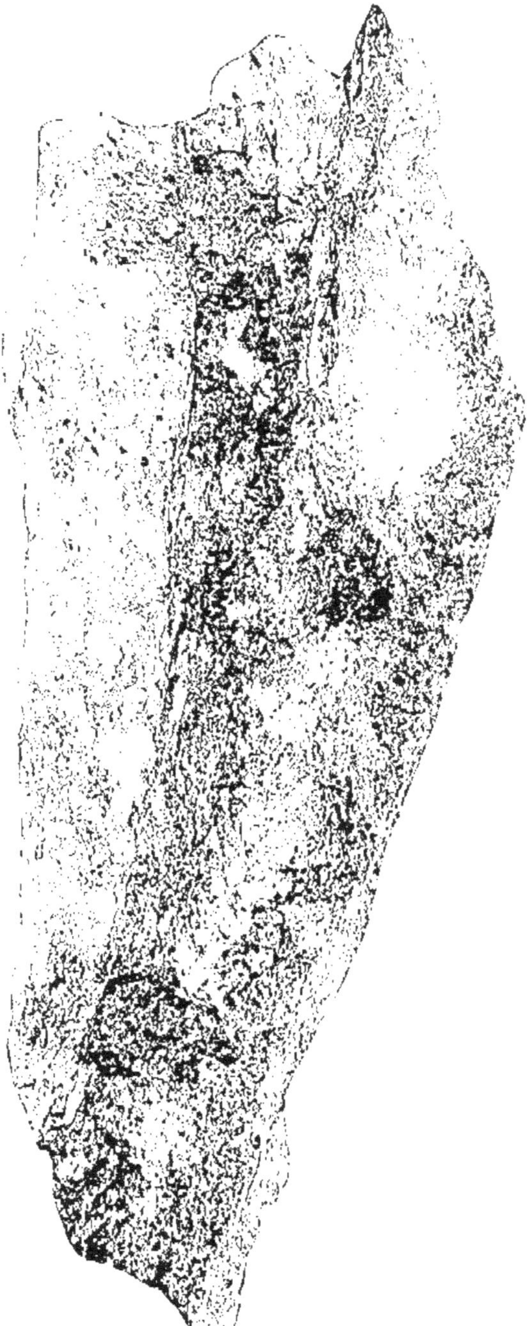

# Légy

Légy csak önmagad,
Nincs idő már másra...
Semmi se halad,
Van idő imára...

Csináld kedvedre,
Holnap már nem lesz...
Cselekvésre teremtve,
Álmokat kezdesz...

Tedd meg de ne árts,
Csinálj mit akarsz...
Te vagy mire vágysz...
Semmit nem takarsz...

Kövek

Kövek a szívemről,
Mutatják az utat...
Léptem mesél erről,
Mig a szemem kutat...

Néhány kövem dörög,
Nagy a távolság...
Szomorú az ördög,
Fénylik az igazság...

Gondjaimat jelzi,
MInden lezuhant kő
A lelkemet edzi,
Megtapasztalt erő...

Átfújt

Átfújt rajtam a napsugár,
Megvilágította lelkem…
Belém néz egy érzett szempár…
Kiüresedett a helyem…

Nem vett el tőlem semmit sem,
Hosszan magamba szorított…
Érzésemet felemelem…
Fényem a fénybe nem látszott…

Gondolattá váltam félek,
Melyet a nap szele cibál…
Árnyékban kicsit még élek…
Kérlek szállj tovább napsugár…

**Tartalom**

Jóság gyémántja

Mielőtt

Tettem

Szeresd

Érdekes

Elengedtem

Vasút a semmibe

Szárból aranyat

Élet a halál után

Sötétségben

Gondolat

Bennem

Örülök

A jóság

Nincs

Egy

Légy

Kövek

Átfújt

Érzés

Az érzés tépkedi szavaim,
Versekbe rakott képeim…
Villogó fonott ritmussá,
A benne vétkező vággyá…

© Goran Episcopus

Milton Keynes UK
Ingram Content Group UK Ltd.
UKHW010025040324
438776UK00002B/413